Gesetze der mechanischen Bewegung

Bewegungen in Natur und Technik

1 Nachfolgend sind Beispiele für Bewegungen dargestellt. Gib an, ob sich die Personen in Ruhe oder in Bewegung befinden! Nenne dabei mögliche Bezugskörper!

a)

b)

c)

_____

_____

_____

_____

2 Wenn man mit einem Fahrrad fährt, bewegen sich die verschiedenen Teile des Fahrrades in unterschiedlicher Weise.

Welche Bewegungen treten beim Fahren mit konstanter Geschwindigkeit auf gerader Strecke auf? Wähle als Bezugskörper die Radfahrerin bzw. die Fahrbahn!

Bezugskörper Radfahrerin:

_____

_____

_____

_____

Bezugskörper Fahrbahn oder Beobachter am Straßenrand:

_____

_____

_____

3 Ein Körper kann gleichzeitig in Ruhe und in Bewegung sein. Um das zu entscheiden, muss ein entsprechender Bezugskörper gewählt werden. Ergänze die Tabelle durch selbst gewählte Beispiele!

Körper	in Ruhe bezüglich	in Bewegung bezüglich
Passagier im fahrenden Zug		

4 Nachfolgend ist das Weg-Zeit-Diagramm für einen ICE dargestellt!
a) Interpretiere dieses Diagramm!

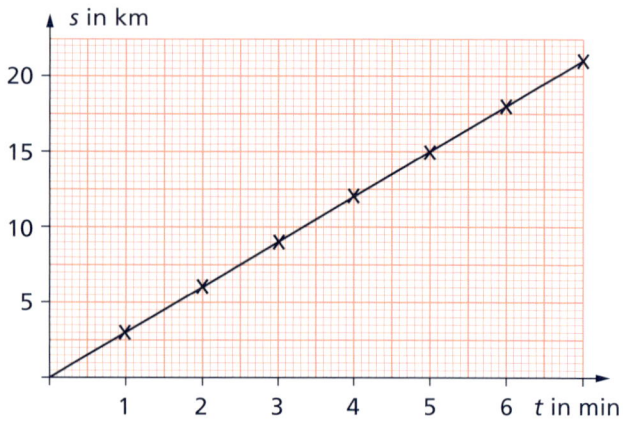

b) Berechne aus verschiedenen Wertepaaren die Geschwindigkeit des ICE!

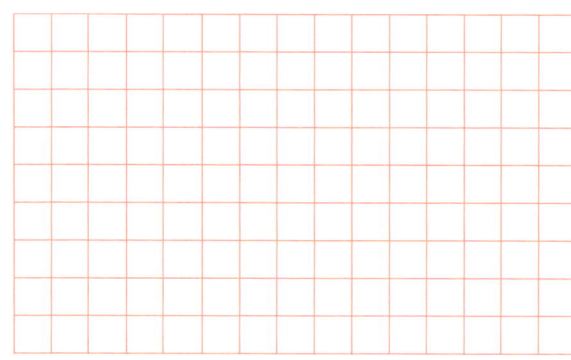

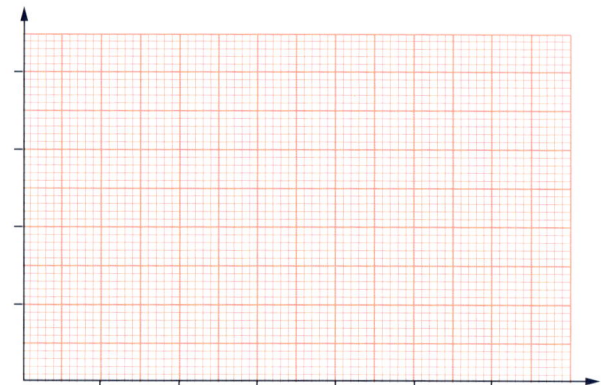

c) Zeichne das Geschwindigkeit-Zeit-Diagramm!

5 Ein Passagierflugzeug fliegt mit einer durchschnittlichen Reisegeschwindigkeit von 900 km/h.
a) Ergänze die folgende Tabelle!

t in min	0	10	20	30	40	50	60
s in km	0						

b) Zeichne das Weg-Zeit-Diagramm für die Bewegung des Flugzeuges!
c) Zeichne in das Diagramm mit anderer Farbe den Graphen für einen Sportwagen ein, der mit 150 km/h auf der Autobahn fährt!
d) Welche physikalische Bedeutung hat der Anstieg eines Graphen im s-t-Diagramm?

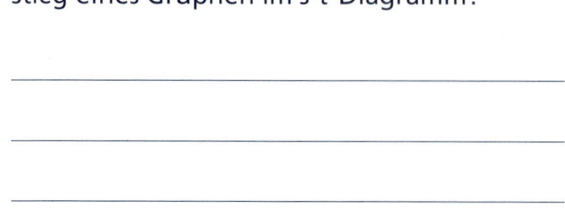

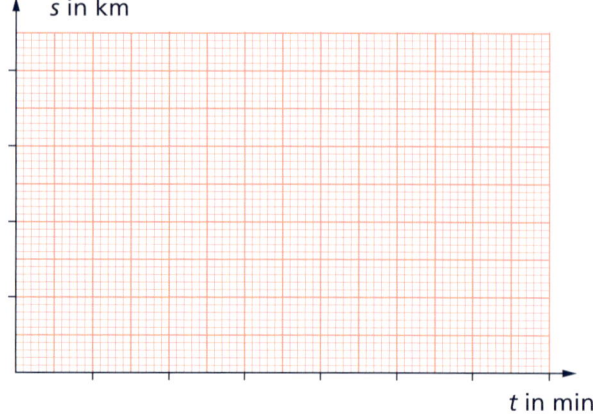

6 Untersuche experimentell die Bewegung einer Kugel auf einer geneigten Ebene!

Vorbereitung:

a) Was für eine Bewegung führt eine Kugel aus, die eine geneigte Ebene hinabrollt?

_____

b) Welche Gesetze gelten für eine gleichmäßig beschleunigte geradlinige Bewegung?

_____

_____

Durchführung:

a) Baue die Experimentieranordnung nach der Skizze auf!

b) Lass die Kugel jeweils von der gleichen Stelle losrollen! Miss den Weg für verschiedene Zeiten! Trage die Ergebnisse in die Messwertetabelle ein!

c) Führe die Messungen bei einer anderen Neigung der Ebene durch!

Auswertung:

Messung 1

t in s				
s_A in cm				
s_B in cm				

Messung 2

t in s				
s_A in cm				
s_B in cm				

a) Stelle die Messergebnisse in einem Weg-Zeit-Diagramm dar!

b) Wie kann man nachweisen, dass die Bewegung der Kugel gleichmäßig beschleunigt verläuft?

_____

_____

c) Weise rechnerisch nach, dass für die Bewegung der Kugel s/t^2 = konstant gilt! Gib die Werte für diesen Quotienten an!

Fall a: Fall b:
_____   _____

d) Wodurch kann die Genauigkeit der Messwerte beeinflusst worden sein?

_____

_____

7 Die Skizze zeigt einen Ausschnitt aus einem grafischen Fahrplan. Solche grafischen Fahrpläne nutzt man bei Verkehrsbetrieben und bei der Deutschen Bahn.

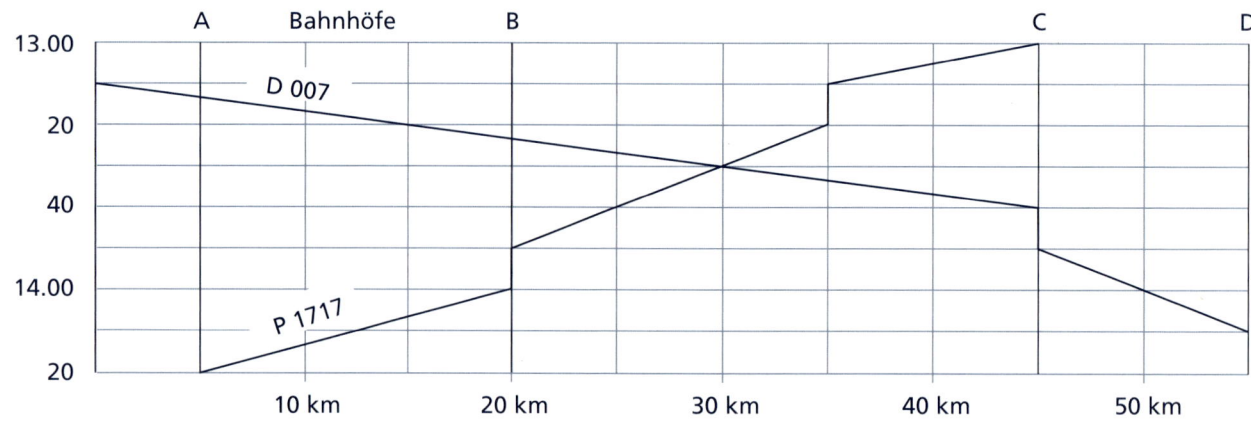

a) Welcher Zusammenhang besteht zwischen dem Anstieg der Graphen und der Geschwindigkeit des Zuges?

_____

b) Welche Bedeutung hat der Schnittpunkt der beiden Graphen bei Kilometer 30?

_____

c) Wie groß ist die Geschwindigkeit des D 007 zwischen den Bahnhöfen A und C und die Geschwindigkeit des P 1717 zwischen B und A?

_____

8 Für einen Pkw ergaben Messungen das dargestellte *v-t*-Diagramm.
a) Interpretiere dieses Diagramm! Gehe dabei auf die Abschnitte I, II und III ein!

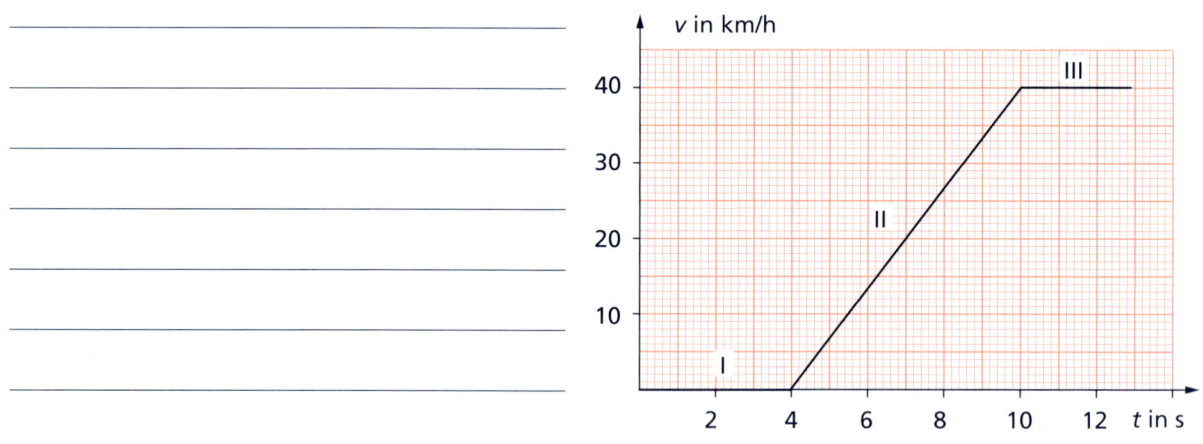

b) Welchen Weg legt der Pkw während des Anfahrens zurück? Entnimm die notwendigen Angaben dem Diagramm!

9 Ein anfahrender Personenzug hat eine Beschleunigung von 0,4 m/s^2.
a) Ergänze für diesen Zug die nachfolgenden Tabellen!

Geschwindigkeiten *Wege*

t in s	0	10	20	30	40	50
v in m/s						

t in s	0	10	20	30	40	50
s in m						

10 Für zwei Fahrzeuge wurden folgende Wege und Zeiten gemessen:

Fahrzeug 1:

s in m	3	12	27	49	74	107
t in s	2	4	6	8	10	12

Fahrzeug 2:

s in m	10	21	29	42	49	60
t in s	2	4	6	8	10	12

a) Zeichne für beide Fahrzeuge das s-t-Diagramm! Trage die Werte mit unterschiedlichen Farben ein!

b) Beschreibe in Worten, welche Bewegungen die Fahrzeuge ausführen!

_____

_____

_____

c) Ermittle die Geschwindigkeit jedes Fahrzeugs in m/s und km/h für das Zeitintervall zwischen 10 s und 12 s!

11 Eine Kugel rollt eine Bahn hinab. Wie ändern sich Geschwindigkeit und Beschleunigung der Kugel? Begründe!

_____

_____

_____

_____

_____

12 In einem v-t-Diagramm sind die Bewegungen zweier Fahrzeuge dargestellt. Vergleiche die Bewegungen! Beziehe dich dabei auf die Zeit t_1!

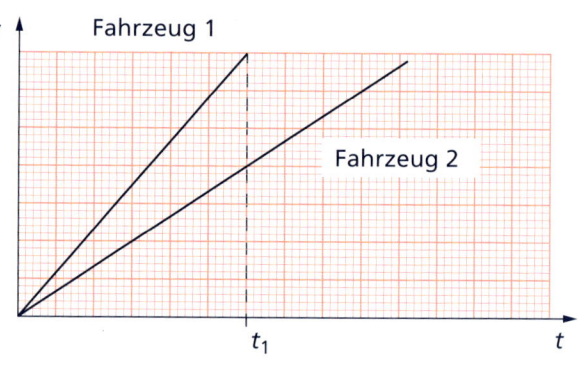

13 Ein Pkw bewegt sich so, wie es im v-t-Diagramm dargestellt ist.

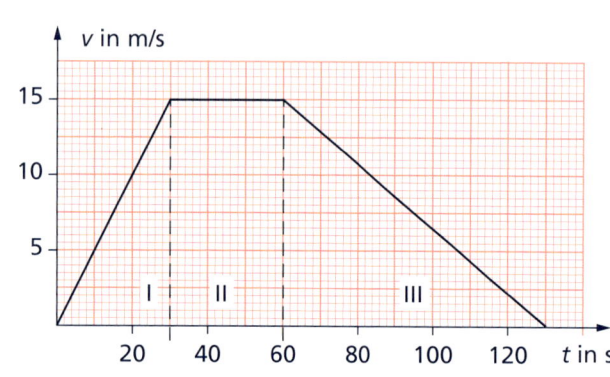 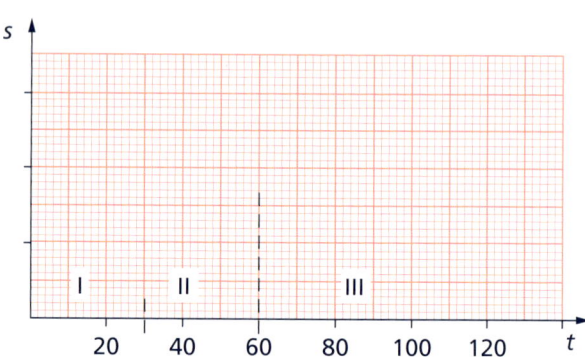

a) Beschreibe die Bewegung des Pkw in den Abschnitten I, II und III!

b) Welche Wege legt der Pkw in den drei Abschnitten jeweils zurück?

c) Zeichne das zugehörige s-t-Diagramm! Wähle dazu einen zweckmäßigen Maßstab für die Weg-Achse!

14 Die Internationale Raumstation (ISS) bewegt sich in ca. 350 km Höhe über der Erdoberfläche und benötigt 90 min für einen Umlauf um die Erde. Wie groß ist ihre Geschwindigkeit in km/h, m/s und km/s!

 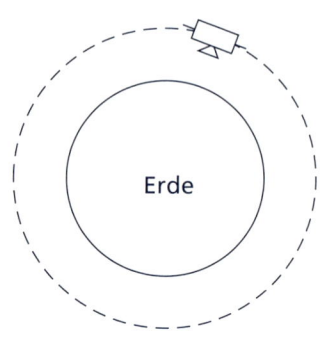

Internet: www.duden-schulbuch.de   ISBN 978-3-89818-375-8

15 Bei den beiden Diagrammen ist der Fall zweier Körper in Abhängigkeit von der Körperform dargestellt. Interpretiere für beide Diagramme den Verlauf der Graphen! Gehe insbesondere auf den Einfluss des Luftwiderstandes ein!

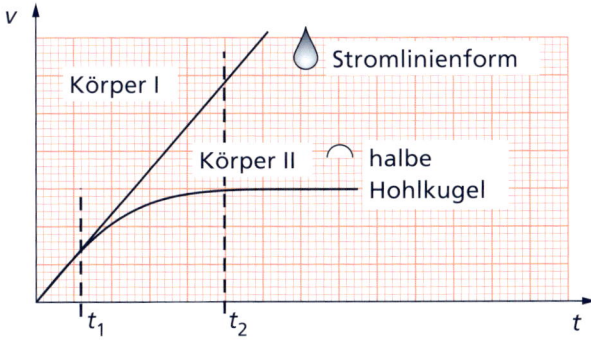 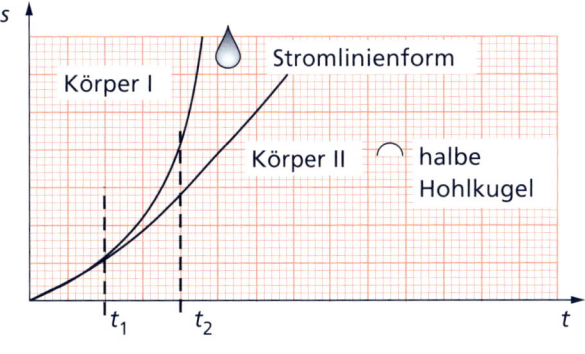

_____   _____

_____   _____

_____   _____

_____   _____

_____   _____

16 Das Diagramm beschreibt die Bewegung eines Fallschirmspringers bei nicht geöffnetem Schirm vom Beginn des Absprungs aus dem Flugzeug an.
Interpretiere das Diagramm! Beachte dabei den unterschiedlichen Kurvenverlauf in den Abschnitten I und II.

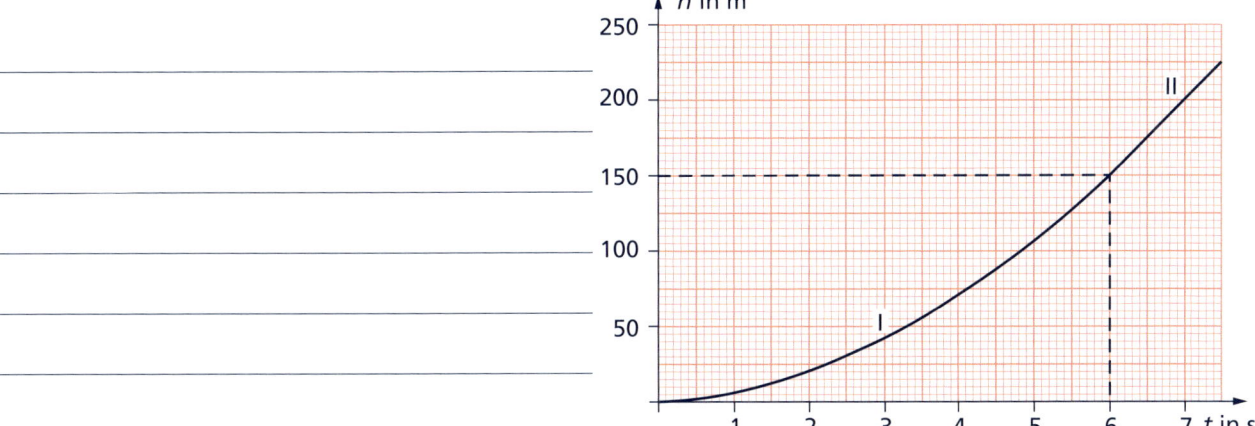

_____

_____

_____

_____

_____

_____

17 Der Wasserstrahl aus einem Wasserhahn wird nach unten immer dünner. Probiere es aus! Erkläre!

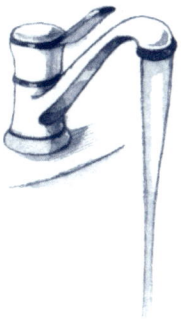

_____

_____

_____

_____

_____

_____

Die newtonschen Gesetze und Mechanik im Straßenverkehr

1 Kräfte bewirken die Änderung der Bewegung oder der Form von Körpern.
Trage Beispiele dafür in die Tabelle ein!

nur Bewegungsänderung	nur Formänderung	Bewegungs- und Formänderung

2 Kräfte sind vektorielle Größen und werden
durch Pfeile dargestellt.
a) Bezeichne die einzelnen Teile des Kraft-
pfeils!

b) Welche Aussage kann man über die Kräfte
F_1 und F_2 machen?

_____

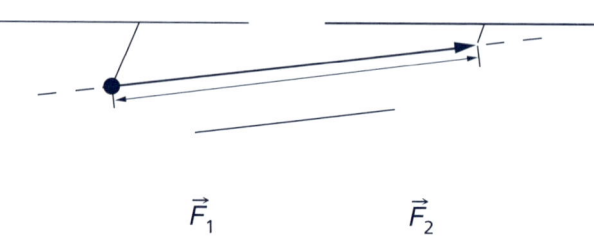

$\vec{F}_1$ $\qquad$ $\vec{F}_2$

3 Die Wirkung von Kräften ist vom Betrag der Kraft, von ihrer Richtung und von ihrem Angriffspunkt
abhängig. Nenne und erläutere je ein Beispiel dafür!

Wirkung ist vom Betrag der Kraft abhängig	*Wirkung ist von der Richtung der Kraft abhängig*	*Wirkung ist vom Angriffspunkt der Kraft abhängig*

4 Die Einwirkung von Körpern aufeinander ist immer wechselseitig. Zeichne in die Skizze jeweils die
wirkenden Kräfte ein!

a) 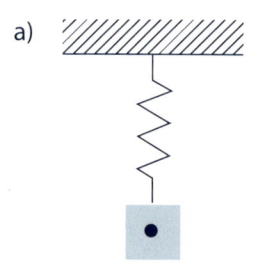   b)    c) 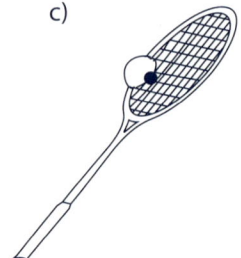   d)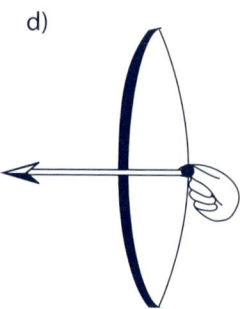

5 Ein Fallschirmspringer bewegt sich nach dem Absprung aus einem Flugzeug zunächst beschleunigt. Bei geöffnetem Fallschirm stellt sich nach einiger Zeit eine konstante Sinkgeschwindigkeit von etwa 6 m/s ein.

a) Zeichne in die Skizze die Kräfte ein, die dann wirken! Beschreibe, welche Kräfte das sind! Welche Aussage kann man über die Beträge der Kräfte machen?

_____

_____

_____

b) Beschreibe die Wechselwirkungen, die bei einem Fallschirmspringer auftreten!

_____

_____

_____

6 Auf einen Körper, der auf einem Tisch liegt, oder auf ein mit konstanter Geschwindigkeit fahrendes Auto wirken verschiedene Kräfte. Benenne diese Kräfte! Welche Aussagen kann man über die Beträge der Kräfte und über die auf den Körper wirkende Gesamtkraft machen?

a)

F_T | F_G

b)

$\vec{F}_M$ ... $\vec{F}_R$

_____   _____

_____   _____

_____   _____

_____   _____

7 Das Foto zeigt den Crashtest eines Autos.

a) Zeichne die Kräfte ein, die bei einem solchen Crashtest auf die beteiligten Körper wirken!

b) Welches Gesetz ist wirksam, wenn zwei Körper aufeinander einwirken?
Wie lautet es?

_____

_____

8   Ein Wagen wird durch unterschiedliche Kräfte beschleunigt. Die Beschleunigung des Wagens wird mit einem elektronischen Beschleunigungsmessers gemessen. Es ergeben sich folgende Messwerte:

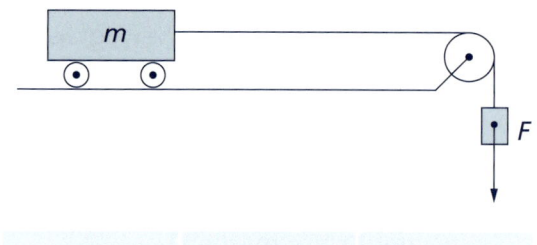

F in N	0	0,2	0,4	0,6	0,8	1,0
a in m/s²	0	0,17	0,32	0,52	0,67	0,83

a) Stelle die Messwerte grafisch dar!
b) Interpretiere das Diagramm!

_____

_____

_____

_____

_____

_____

_____

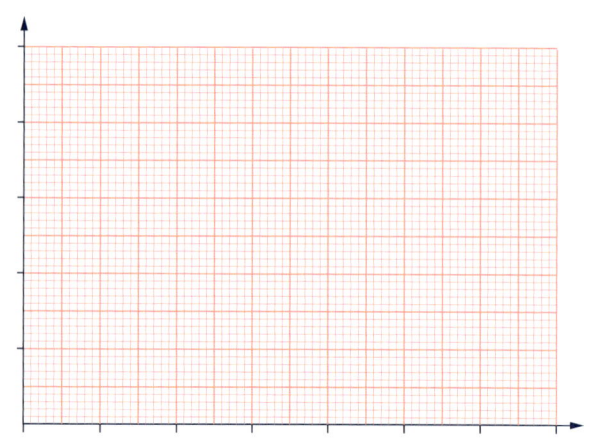

9   Ein Jumbo-Jet vom Typ Boeing 747 hat vier Triebwerke. In Versuchen wurde ermittelt, wie sich die Beschleunigung des Flugzeugs ändert, wenn es unterschiedlich beladen bzw. betankt wird. Die Ergebnisse der Messungen sind in der Tabelle dargestellt. Die Messwerte wurden jeweils bei maximaler Schubkraft ermittelt.

m in t	320	300	280	260	240	220	200
a in m/s²	2,8	2,9	3,1	3,4	3,7	4,0	4,4

a) Stelle die Messwerte grafisch dar! Beachte dabei, dass der Ursprung des Koordinatensystems nicht bei (0; 0) liegt!
b) Interpretiere das Diagramm!

_____

_____

_____

_____

_____

_____

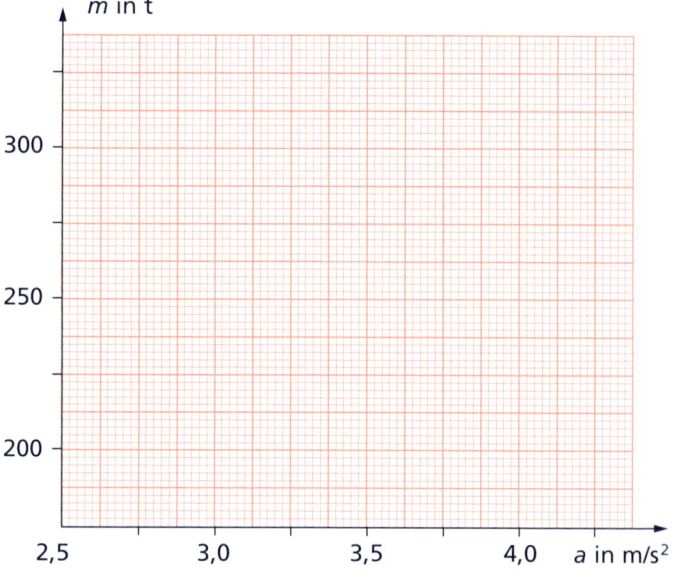

10 Bei welchem Fahrzeug ist die Geschwindigkeitsänderung größer?
a) Auf beide Fahrzeuge wirken Kräfte mit gleichen Beträgen.

I) kleine Masse   II) große Masse

_____

_____

b) Auf beide Fahrräder mit gleicher Masse wirken Kräfte mit unterschiedlichen Beträgen.

I) große Kraft   II) kleine Kraft

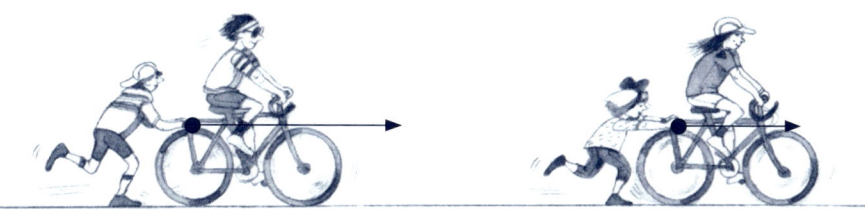

_____

_____

11 Zwei Pkw stehen nebeneinander an einer Kreuzung und fahren bei Grün an. Welche Aussage kann man über die Beschleunigung der beiden Pkw machen, wenn beide Pkw gleich schwer sind, aber bei Pkw 1 die Antriebskraft beim Anfahren 1,5-mal so groß ist wie bei Pkw 2? Begründe deine Aussage!

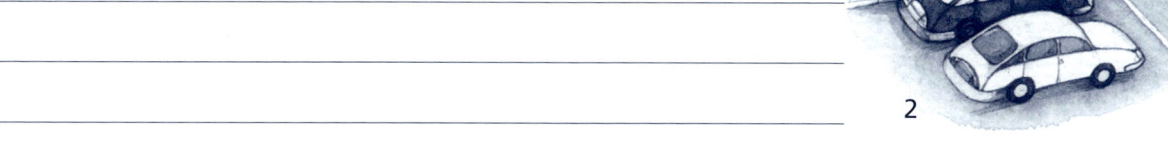

_____

_____

_____

12 Ergänze die nachfolgende Tabelle durch Berechnen und Eintragen der jeweiligen Größe!

Situation/Vorgang	Kraft	Masse	Beschleunigung
Anfahren eines Pkw		1 100 kg	4 m/s²
Körper liegt auf dem Tisch	11,8 N		9,81 N/kg
Abbremsen eines Fahrrades	150 N	85 kg	
Starten einer Rakete		300 t	6,5 m/s²
Anfahren eines Zuges		500 t	0,8 m/s²
Sonde auf dem Mars	6 660 N	1 800 kg	

13 Das Bild zeigt den zeitlichen Ablauf der Bewegung eines Pkw-Fahrers bei einem Auffahrunfall. Der Fahrer hat den Sicherheitsgurt angelegt. Das Auto verfügt über einen Airbag.

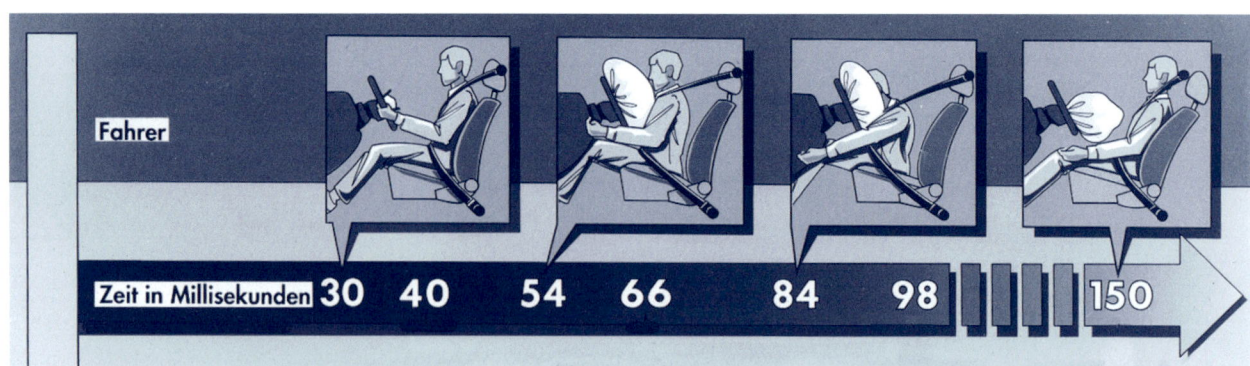

a) Welche Funktionen haben Sicherheitsgurt und Airbag?

_____

_____

_____

b) Der Fahrer wird in ca. 100 ms abgebremst. Wie groß ist die auf ihn wirkende beschleunigende Kraft, wenn die Geschwindigkeit 40 km/h beträgt, der Fahrer eine Masse von 70 kg hat und er beim Auftreffen des Autos auf einen Baum auf einer Strecke von 1,4 m abgebremst wird? Vergleiche das Ergebnis mit der Gewichtskraft des Fahrers!

14 Ein Tankwagen mit Heizöl fährt eine gerade Straße entlang. Der Tank ist nur halb voll.
a) Zeichne jeweils die Flüssigkeitsoberfläche ein!

Tankwagen fährt an   *Tankwagen fährt gleichförmig*   *Tankwagen bremst ab*

_____

_____

b) In welche Richtung bewegt sich die Flüssigkeit, wenn der Tankwagen mit konstanter Geschwindigkeit eine Rechtskurve fährt?

_____

_____

15 Um die Sonne bewegen sich neun große Planeten und eine Vielzahl von Planetoiden.

a) Benenne in der Skizze die neun großen Planeten!

Sonne

b) Die Bahn der Erde um die Sonne ist näherungsweise eine Kreisbahn. Wie groß sind Radius und Umlaufzeit für diese Bewegung?

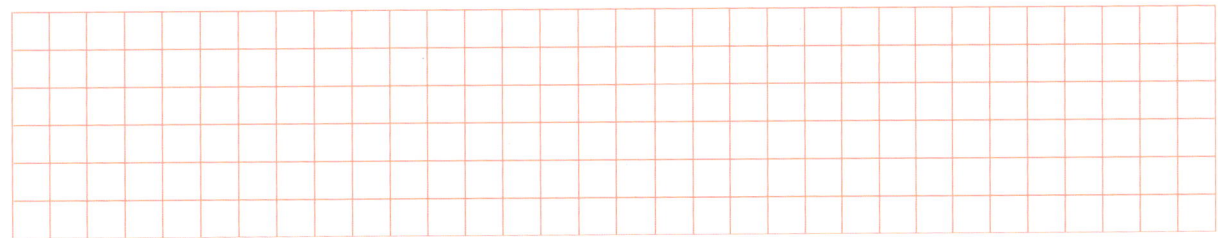

c) Berechne aus den Daten die mittlere Geschwindigkeit der Erde auf ihrer Bahn um die Sonne! Gib sie in km/s an!

16 Ein Karussell benötigt für eine volle Umdrehung 9 s. Die Aufhängung der Gondeln ist 5 m von der Drehachse entfernt, Gondeln und Personen 6 m.

a) In welcher Richtung wirkt die Radialkraft?

b) In welcher Richtung würden sich Gondel und Personen bewegen, wenn sich die Aufhängung plötzlich löst?

c) Welche Radialkraft muss mindestens wirken, damit sich die 50 kg schwere Gondel und die 65 kg schwere Person sicher auf der Kreisbahn bewegen?

17 Ein Satellit bewegt sich auf einer näherungsweise kreisförmigen Bahn in 270 km Höhe über der Erdoberfläche.

a) Zeichne in die Skizze die zwischen Erde und Satellit wirkenden Kräfte ein!

b) Wie kommen diese Kräfte zustande?

Welche Aussage kann man über ihren Betrag machen?

_____

_____

_____

_____

c) Welche Kraft wirkt für den Satelliten als Radialkraft?

_____

_____

Erde

18 Vergleiche die mechanischen Arbeiten, Energieänderungen und Leistungen bei den dargestellten Vorgängen!

$t = 5\,s$	$t = 6\,s$	$t = 7\,s$
2 m	2 m	2 m
$m = 50\,kg$	$m = 60\,kg$	$m = 70\,kg$

$W =$ _____ $W =$ _____ $W =$ _____

$\Delta E =$ _____ $\Delta E =$ _____ $\Delta E =$ _____

$P =$ _____ $P =$ _____ $P =$ _____

Vergleich: _____

19 Von verschiedenen Körpern sind einige Angaben bekannt. Ergänze in der Tabelle die fehlenden Werte!

	Masse m	Geschwindig-keit v	Höhe h	E_{pot}	E_{kin}
a)	10 kg	36 km/h	2 m		
b)	300 t	900 km/h	1 000 m		
c)	65 kg	100 km/h		6,5 kJ	
d)	2,5 kg		1,5 m		125 J

ISBN 978-3-89818-375-8

20 Untersuche, wie die Gleitreibungskraft F_R von der Normalkraft F_N abhängt! Berechne für jedes Messwertepaar die Reibungszahl μ!

Durchführung:

a) Ziehe den unbeladenen Körper möglichst gleichmäßig über die Unterlage! Lies am Federkraftmesser die Gleitreibungskraft ab!

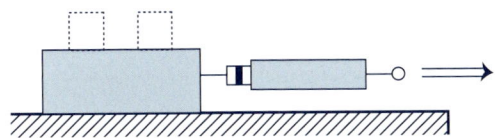

b) Verändere durch Auflegen von Körpern die Druckkraft! Miss wieder die Gleitreibungskraft! Trage die Ergebnisse in die Tabelle ein!

Auswertung:

a) Messwerte

F_G in N				
F_R in N				
$\mu = \dfrac{F_G}{F_R}$				

b) Formuliere das Ergebnis des Experiments in Worten!

_____

_____

_____

21 Ergänze die folgende Übersicht zu verschiedenen Arten von Kräften!

Art der Kraft	Kennzeichnung	Wovon ist sie abhängig? (Gleichung zur Berechnung)
Gewichtskraft	gibt an, wie stark ein Körper auf eine Unterlage drückt oder an einer Aufhängung zieht.	Masse des Körpers, Ort $F_G = m \cdot g$
Reibungskraft		
Gravitationskraft		
Radialkraft		

Elektromagnetische Induktion – Erzeugung und Verteilung elektrischer Energie

Elektromagnetische Induktion und Induktionsgesetz

1 Untersuche experimentell, unter welchen Bedingungen in einer Spule eine Induktionsspannung entsteht!

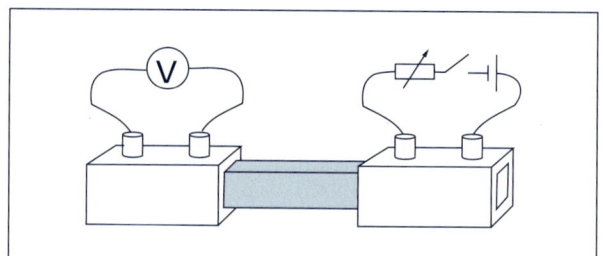

Vorbereitung:
Baue die Experimentieranordnung nach der Skizze auf! Verwende einen Spannungsmesser mit einem Messbereich von 1 V! Der Zeiger soll sich in Mittellage befinden.

Durchführung:
Es wird der Schalter betätigt bzw. durch Veränderung des Widerstandes die Stromstärke und damit die Stärke des Magnetfeldes der felderzeugenden Spule verändert.
Trage die Ergebnisse deiner Untersuchungen in die Tabelle unter **Auswertung** ein!

Auswertung:

Schalter wird geschlossen	Schalter ist geschlossen	Schalter wird geöffnet	Widerstand wird schnell verändert	Widerstand wird langsam verändert

Formuliere eine allgemeine Aussage über die Entstehung einer Induktionsspannung!

_____

_____

_____

2 Ein kleiner Stabmagnet wird nacheinander jeweils gleich schnell in verschiedene Spulen hineinbewegt. Vergleiche die entstehenden Induktionsspannungen! Begründe!

_____

_____

_____

_____

_____

_____

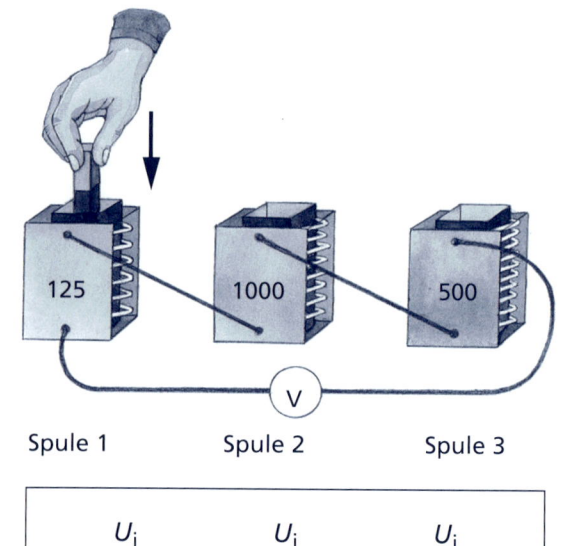

Spule 1   Spule 2   Spule 3

U_i	U_i	U_i

3 Jeweils gleiche Spulen werden verschieden schnell aus Magnetfeldern herausbewegt. Vergleiche die entstehenden Induktionsspannungen! Begründe!

a)   b)   c)

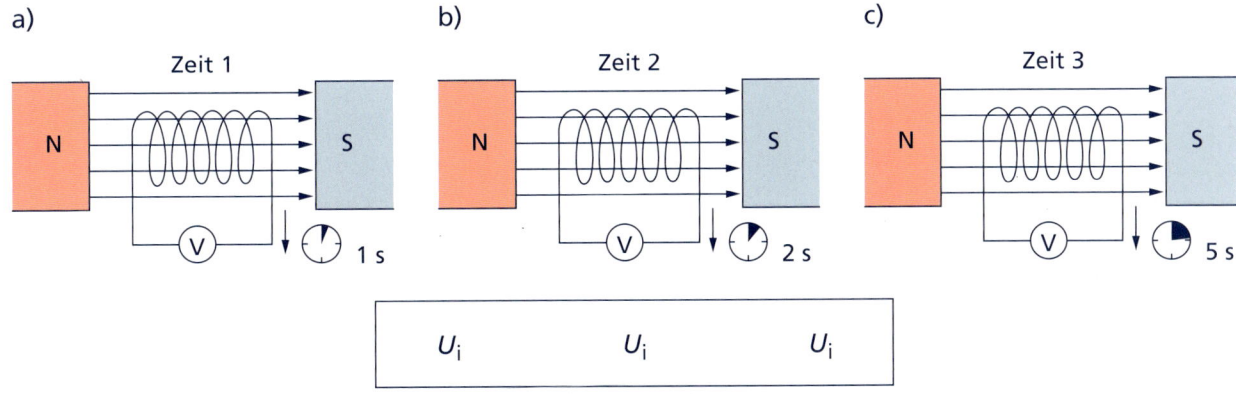

4 Jeweils gleiche Spulen werden gleich schnell aus verschiedenen Magnetfeldern hinausbewegt. Vergleiche die entstehenden Induktionsspannungen! Begründe!

a)   b)   c)

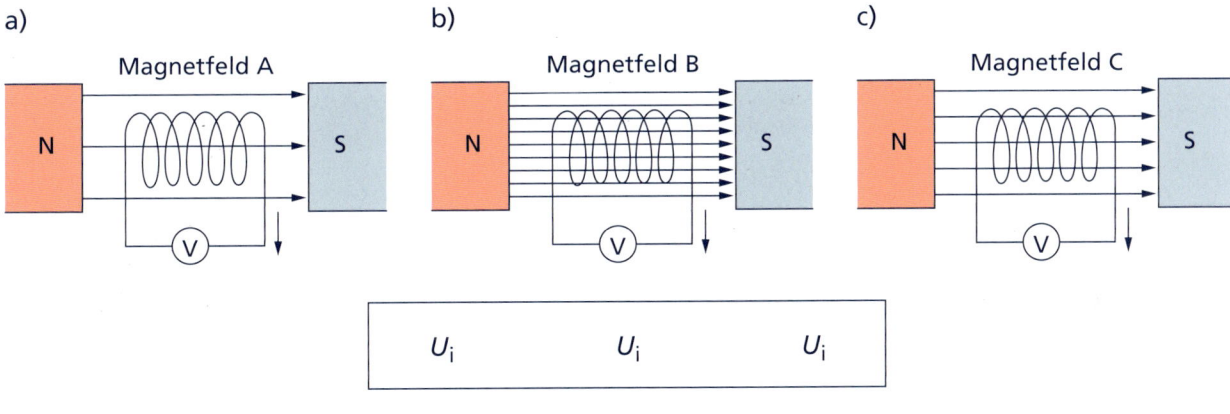

5 Verschiedene Spulen gleicher Windungszahl werden jeweils gleich schnell aus einem Magnetfeld herausbewegt. Vergleiche die entstehenden Induktionsspannungen! Begründe!

a)   b)   c)

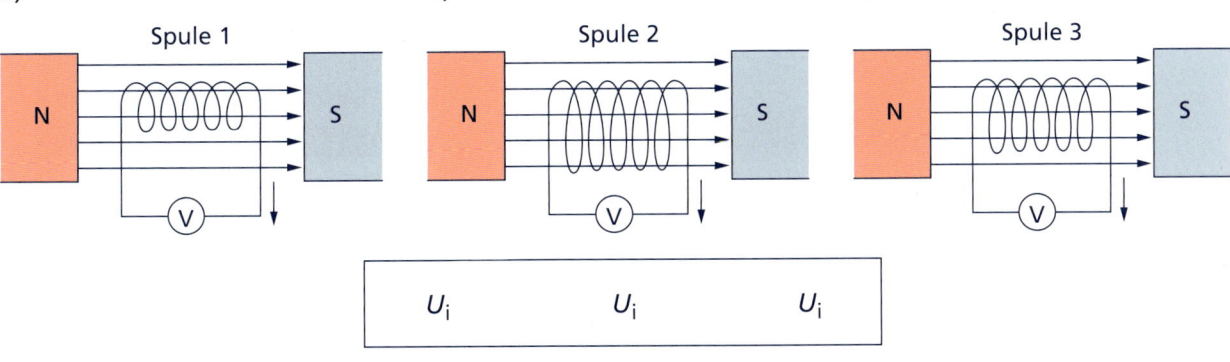

Generator, Wechselstrom, Transformator

1 Generator und Gleichstrommotor sind ähnlich aufgebaut. Ergänze die Übersicht!

	Generator	Gleichstrommotor
Aufbau und Wirkungsweise	U_i	
	Rotor (Elektromagnet) wird zwischen feststehenden Induktionsspulen gedreht.	An die Statorspulen wird eine Spannung angelegt.
	↓	↓
	_____	_____
	_____	_____
	_____	_____
	↓	↓
	In den Induktionsspulen (Stator) wird eine Spannung induziert	Der Anker (Rotor) dreht sich.
Energieumwandlungen	E_{mech} ⟶	E_{el} ⟶

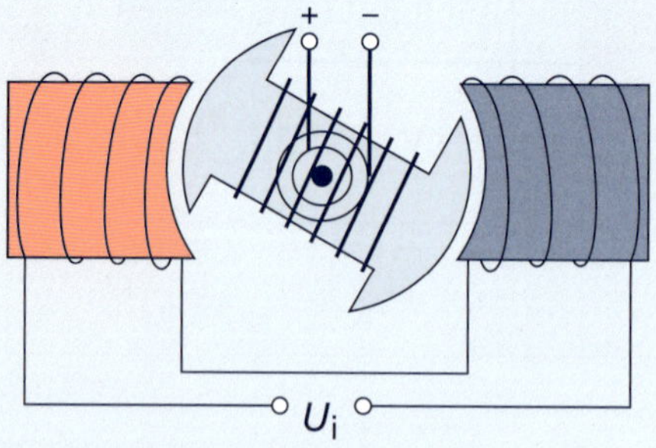

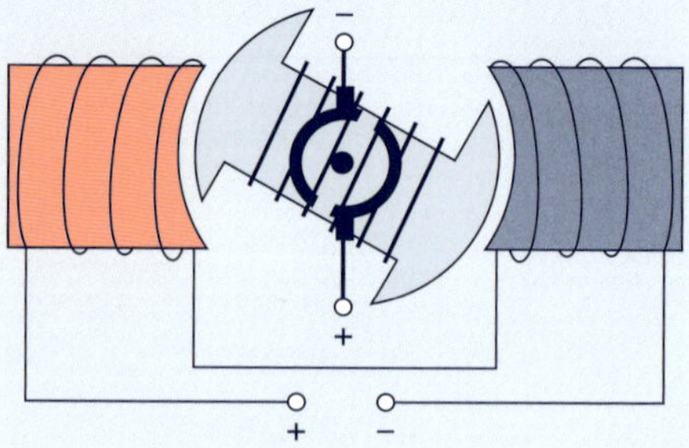

2 Ein Fahrraddynamo ist ein kleiner Generator, in dem ein Permanentmagnet rotiert. Die Fotos zeigen den Aufbau eines Dynamos und das Feldlinienbild des Permanentmagneten.

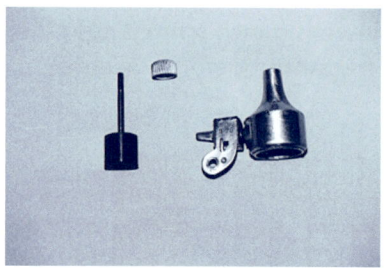 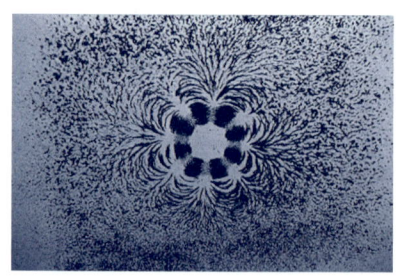

Beschreibe den Aufbau und erkläre die Wirkungsweise eines Fahrraddynamos!

_____

_____

_____

_____

3 In einem konstanten Magnetfeld rotiert gleichförmig eine Leiterschleife. Dadurch entsteht eine Wechselspannung. Zeichne den Verlauf dieser Spannung in das u-t-Diagramm ein!

Welcher Zusammenhang besteht zwischen Maximalwert und Effektivwert?

_____

_____

_____

_____

_____

_____

4 Untersuche experimentell bei einem unbelasteten Transformator den Zusammenhang zwischen den Spannungen und den Windungszahlen im Primär- und Sekundärstromkreis!

Vorbereitung:

a) Skizziere den Schaltplan!
b) Ergänze den Kopf der Messwertetabelle!

Durchführung:
a) Baue die Experimentieranordnung entsprechend dem Schaltplan auf!
b) Miss die Spannungen für verschiedene Kombinationen von Windungszahlen! Wähle als Primärspannung ca. 4 V. Trage die Ergebnisse in die Messwertetabelle ein!
c) Wiederhole deine Messungen mit einer kleineren Primärspannung!

Auswertung:

Messwerte

Messung Nr.	N_1		U_1 in V		$\dfrac{N_1}{N_2}$	$\dfrac{U_1}{U_2}$
1						
2						
3						
4						
5						

a) Bilde für jede Messung die Quotienten $N_1 : N_2$ und $U_1 : U_2$!
b) Vergleiche die Quotienten! Formuliere das Ergebnis des Vergleichs!

_____

_____

c) Welche Messfehler können das Ergebnis beeinflussen?

_____

5 Für einen unbelasteten Transformator sind die in der Tabelle genannten Daten bekannt. Ergänze die fehlenden Werte!

	N_1	N_2	U_1	U_2
a)	250	500	12 V	
b)	250	1 000		40 V
c)	125		3 V	240 V

6 Für einen stark belasteten Transformator sind die in der Tabelle genannten Daten bekannt. Ergänze die fehlenden Werte!

	N_1	N_2	I_1	I_2
a)	500	1 000	1 A	
b)		125	130 mA	260 mA
c)	750		0,5 A	1,5 A

7 Das Diagramm zeigt die Abhängigkeit des Wirkungsgrades eines Transformators von der Belastung (Sekundärstromstärke).

a) Interpretiere dieses Diagramm! Welche Folgerungen ergeben sich daraus für die Nutzung von Transformatoren?

_____

_____

_____

_____

_____

_____

b) Welche „Energieverluste" treten bei einem Transformator auf?

_____

8 Digitale Fotoapparate, Camcorder oder Handys werden mit Akkumulatoren betrieben, die mit Ladegeräten aufgeladen werden. Bei 230 V Netzspannung beträgt die Ladespannung z. B. 8,1 V. Gib drei mögliche Kombinationen von Windungszahlen für ein solches Ladegerät mit Transformator an!

Elektrische Leitungsvorgänge

Leitungsvorgänge in Metallen, Flüssigkeiten, Gasen und im Vakuum

1 Die Skizzen zeigen den Aufbau eines metallischen Leiters und eines Isolators.

metallischer Leiter Isolator

a) Benenne die gezeichneten Teilchen!
b) Was ändert sich, wenn beide Körper erwärmt werden?

_____

c) Was ändert sich, wenn an beide Körper eine elektrische Quelle angeschlossen wird?

   Leiter: _____

   _____

   Isolator: _____

   _____

2 In der Skizze ist der elektrische Leitungsvorgang in einer Flüssigkeit dargestellt.

a) Benenne die gezeichneten Teilchen!
b) Vergleiche den elektrischen Leitungsvorgang in einer Flüssigkeit mit dem in einem metallischen Leiter!

Gemeinsamkeiten: _____

_____

Unterschiede: _____

_____

3 Stelle in einer Übersicht alle wesentlichen Aussagen zum Leitungsvorgang in Metallen und in Flüssigkeiten zusammen!

Leitungsvorgang in	Metallen	Flüssigkeiten
wanderungsfähige Ladungsträger		
Erzeugung		
Skizze/Modell		
Verlauf des Leitungsvorganges		
Bauelemente und Anwendungen		

4 In den Skizzen sind elektrische Leitungsvorgänge in Gasen und im Vakuum dargestellt. Benenne die Teilchen! Vergleiche die Leitungsvorgänge, indem du Gemeinsamkeiten und Unterschiede nennst!

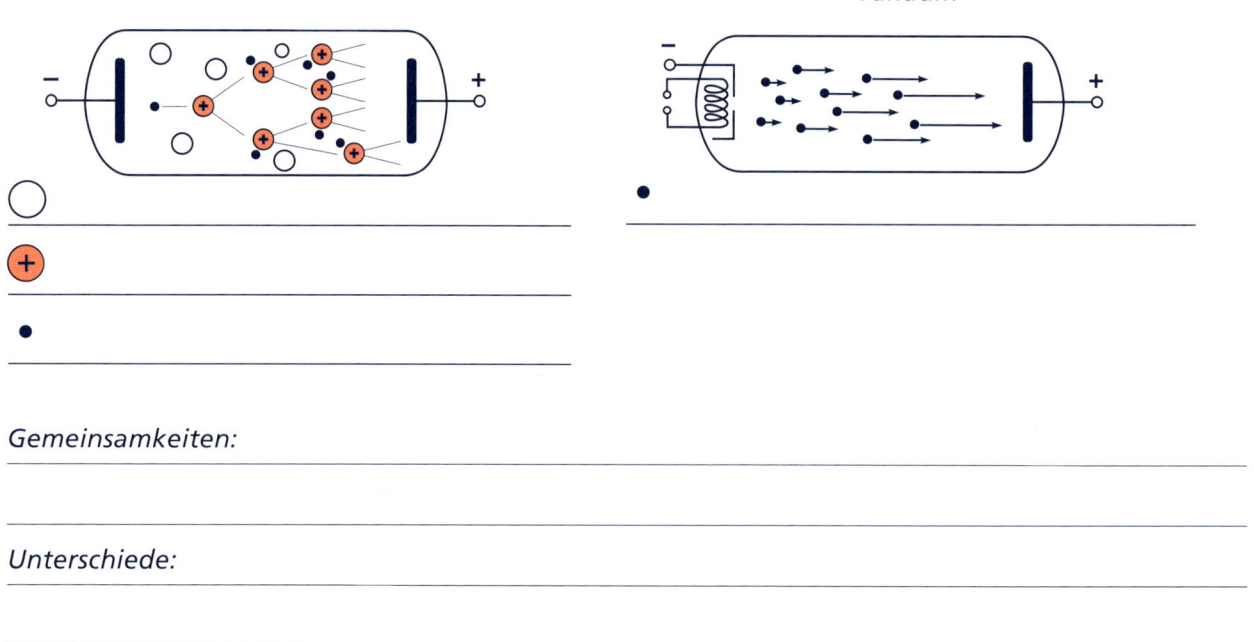

Gas   *Vakuum*

○ _____   ● _____

⊕ _____

● _____

Gemeinsamkeiten: _____

_____

Unterschiede: _____

_____

5 Ergänze die folgende Übersicht zu Ladungsträgern im Vakuum!

Freisetzung von Ladungsträgern
im Vakuum kann erfolgen durch

	Fotoemission

Das bedeutet: _____   Das bedeutet: _____

_____   _____

_____   _____

_____   _____

Die Anzahl der Ladungsträger ist umso   Die Anzahl der Ladungsträger ist umso

größer, _____   größer, _____

_____   _____

6 Stelle in einer Übersicht alle wesentlichen Aussagen zum Leitungsvorgang in Gasen und im Vakuum zusammen!

Leitungsvorgang in	Gasen	Vakuum
wanderungsfähige Ladungsträger		
Erzeugung		
Skizze/Modell	Zufuhr von Energie in Form von Wärme oder radioaktiver Strahlung ● Gasmoleküle ⊕ Ionen ⊝ Elektronen	 Katode — Anode — Heizung — +
Ablauf des Leitungsvorganges		
Bauelemente und Anwendungen		

7 In der Skizze ist eine braunsche Röhre dargestellt, so wie sie in Oszillografen verwendet wird.
a) Benenne die wichtigsten Teile der braunschen Röhre!

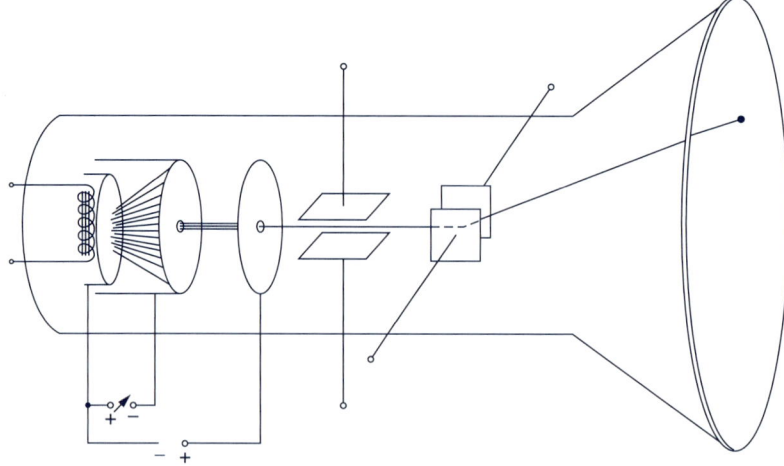

b) Wie müssen die Ablenkplatten gepolt werden, damit der Elektronenstrahl nach unten und gleichzeitig nach vorn abgelenkt wird? Begründe!

_____

_____

_____

8 Aus den charakteristischen Merkmalen der elektrischen Leitungsvorgänge in verschiedenen Stoffen und im Vakuum ergeben sich wichtige Anwendungen. Ergänze dazu die nachfolgende Übersicht!

Elektrischer Leitungsvorgang in	Charakteristische Merkmale	Wichtige Anwendungen
Metallen	relativ geringer elektrischer Widerstand, Erwärmung bei Stromfluss	Nutzung als Verbindungsleiter, Kabel, Elektroden, Glühwendeln von Lampen
Flüssigkeiten		
Gasen		
Vakuum		

Leitungsvorgänge in Halbleitern

1 Für einen Heißleiter, der als Messfühler für ein Thermometer genutzt werden soll, wurden bei $U = 1,5$ V folgende Werte aufgenommen:

ϑ in °C	−20	−10	0	10	20	30	40
I in mA	0,2	0,4	0,8	1,5	2,2	3,7	5,8

a) Zeichne das I-ϑ-Diagramm für diesen Heißleiter!

b) Erkläre den Kurvenverlauf!

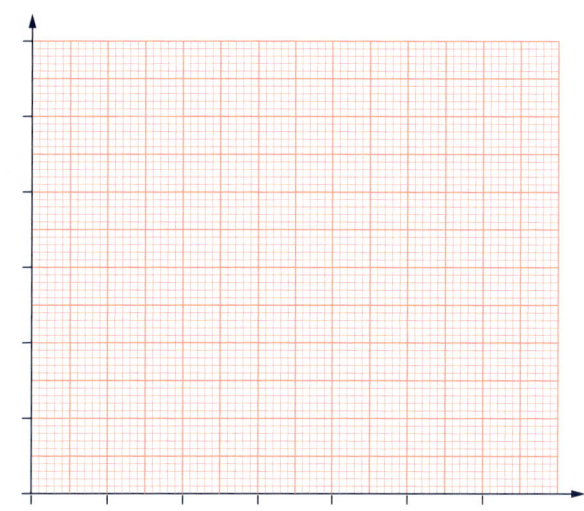

_____

_____

_____

_____

_____

_____

c) Ergänze die folgende Übersicht!

Spannung U in V	Stromstärke I in mA	Widerstand R in Ω	Temperatur ϑ in °C
1,5	3		
	6		
			20
			35

2 Bei einem Fotowiderstand ändert sich mit der Stärke der Beleuchtung der elektrische Widerstand. Dabei liegt am Fotowiderstand eine konstante Spannung.

a) Interpretiere das Diagramm!

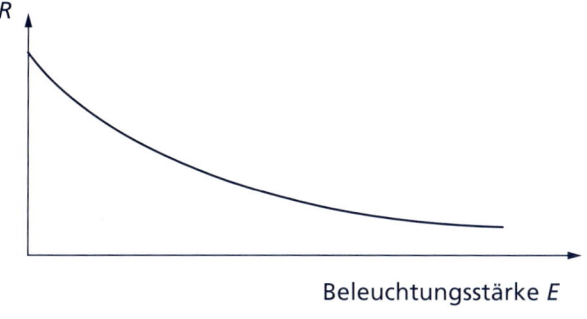

Beleuchtungsstärke E

_____

_____

_____

_____

b) Mit Veränderung des elektrischen Widerstandes verändert sich bei konstanter Spannung die Stromstärke durch den Fotowiderstand. Zeichne mit einer anderen Farbe den Verlauf der Stromstärke in Abhängigkeit von der Beleuchtungsstärke in das Diagramm ein!

3   Viele elektronische Bauteile bestehen aus p-leitendem und n-leitendem Material. Die Skizzen zeigen den Aufbau. Beschreibe den Leitungsvorgang in p-leitendem und in n-leitendem Halbleitermaterial!

p-leitend   *n-leitend*

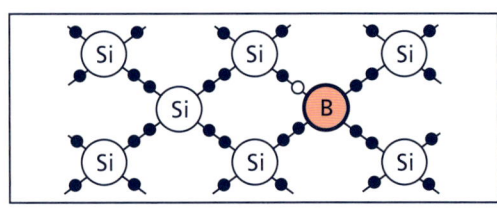   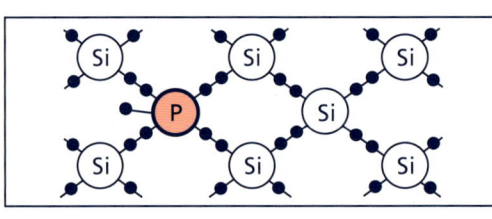

_____   _____

_____   _____

_____   _____

_____   _____

_____   _____

4   Im Diagramm ist die *I-U*-Kennlinie einer Siliciumdiode dargestellt!

a) Kennzeichne im Diagramm Durchlassrichtung und Sperrrichtung!

b) Interpretiere die Kennlinie!

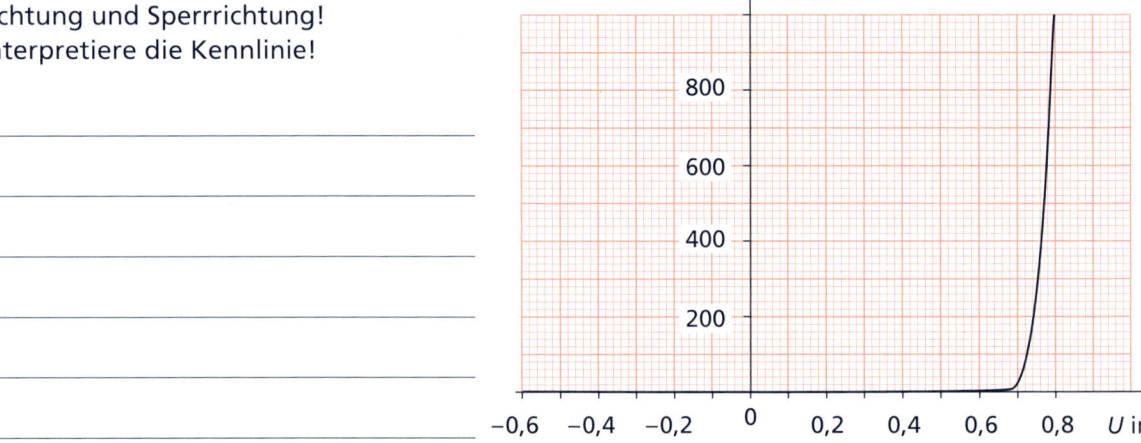

_____

_____

_____

_____

_____

_____

5   In einem Stromkreis befinden sich Dioden und Glühlampen. Zeichne jeweils farbig den Stromweg ein! Gib an, welche Glühlampen leuchten und welche nicht!

a)   b)   c)

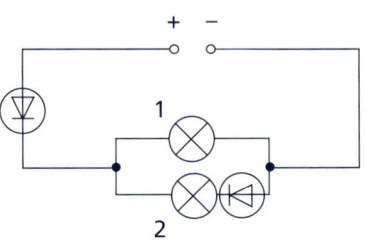   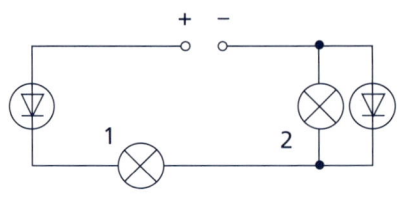   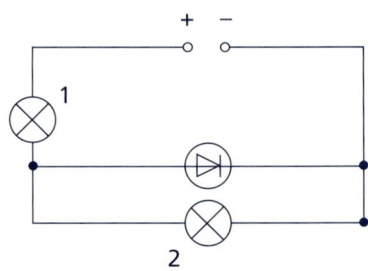

_____   _____   _____

_____   _____   _____

6 Bei einem npn-Transistor wurden Basisstromstärke und Kollektorstromstärke gemessen:

I_B in mA	0	0,1	0,2	0,3	0,4	0,5	0,6	0,7	0,8	0,9	1,0
I_C in mA	0	24	52	73	100	126	149	176	215	224	250

a) Zeichne das I_C-I_B-Diagramm und interpretiere es!

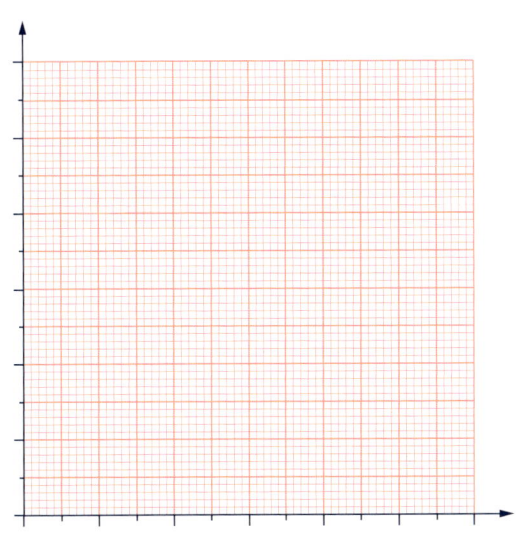

_____

_____

_____

_____

_____

_____

_____

b) Wie groß ist für diesen Transistor die Stromverstärkung $\Delta I_C : \Delta I_B$?

_____

7 Bei modernen Ölheizungen wird mithilfe eines Fotowiderstandes überwacht, ob die Flamme
brennt. Wenn sie verlöscht, erfolgt automatisch eine Unterbrechung der Zufuhr von Öl.
Erläutere die Wirkungsweise eines solchen Flammenwächters anhand der Skizze!

_____

_____

_____

_____

_____

_____

_____

_____

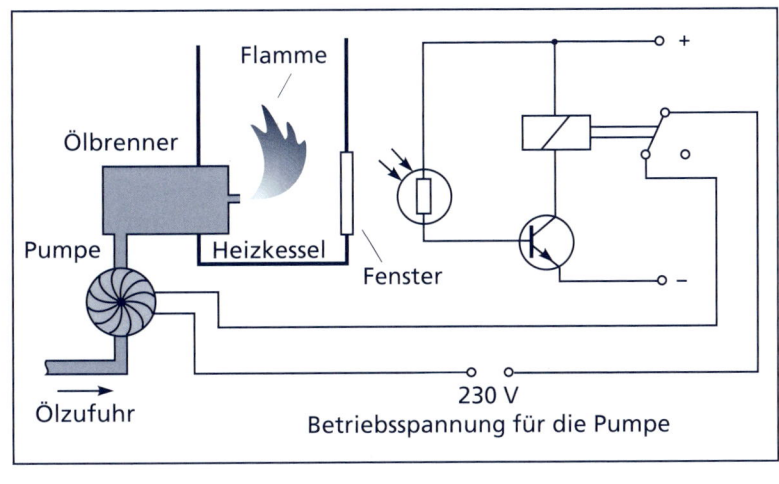

_____

_____

Atome, Atomkerne, Kernenergie

Atome, Atommodelle, Kernumwandlungen

1 In der Skizze ist ein Modell vom Aufbau eines Atoms dargestellt.
a) Benenne die gekennzeichneten Teile!

A: _____

B: _____

C: _____

b) Benenne die einzelnen Elementarteilchen!
Gib die Art ihrer Ladung an!

Atomkern: _____

_____

Atomhülle: _____

_____

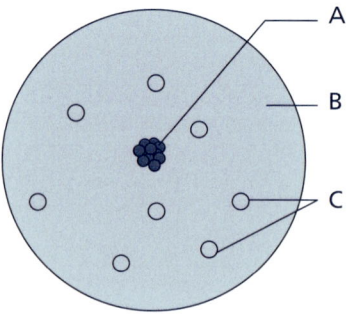

2 Gib für die folgenden neutralen Atome die Anzahl der Elektronen und der Protonen an!
Zeichne sie in die Skizzen ein!

Helium   *Kohlenstoff*   *Sauerstoff*

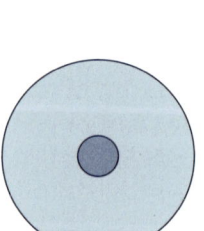   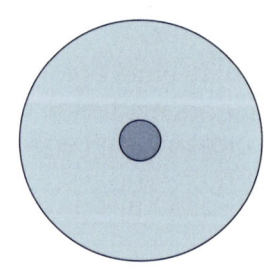   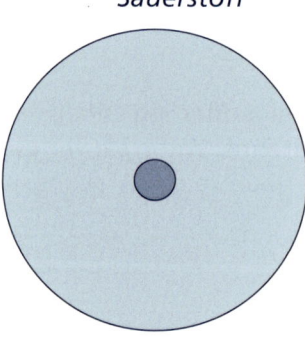

Elektronenzahl: _____   Elektronenzahl: _____   Elektronenzahl: _____

Protonenzahl: _____   Protonenzahl: _____   Protonenzahl: _____

3 Stelle in einer Übersicht für verschiedene Elemente die Anzahl der Protonen, Elektronen und Neutronen zusammen! Die Atome sind nach außen neutral.

Nuklid	Protonenzahl	Elektronenzahl	Neutronenzahl
Kohlenstoff-12			
Kohlenstoff-14			
Caesium-131			
Iod-123			
Cobalt- 60			
Kupfer- 68			
Uran-235			
Uran-238			

4 Zur Untersuchung der Durchdringungsfähigkeit von γ-Strahlung wird untersucht, wie γ-Strahlung durch unterschiedlich dicke Bleischichten hindurchgelassen wird. Es ergeben sich folgende Messwerte:

Dicke der Blei-schicht in mm	0	10	20	30	40	50	60	70	80	90
Zählrate in Impulsen je Minute	604	335	198	121	85	40	32	28	26	27

a) Stelle die Messwerte im Diagramm dar!
b) Interpretiere dieses Diagramm!

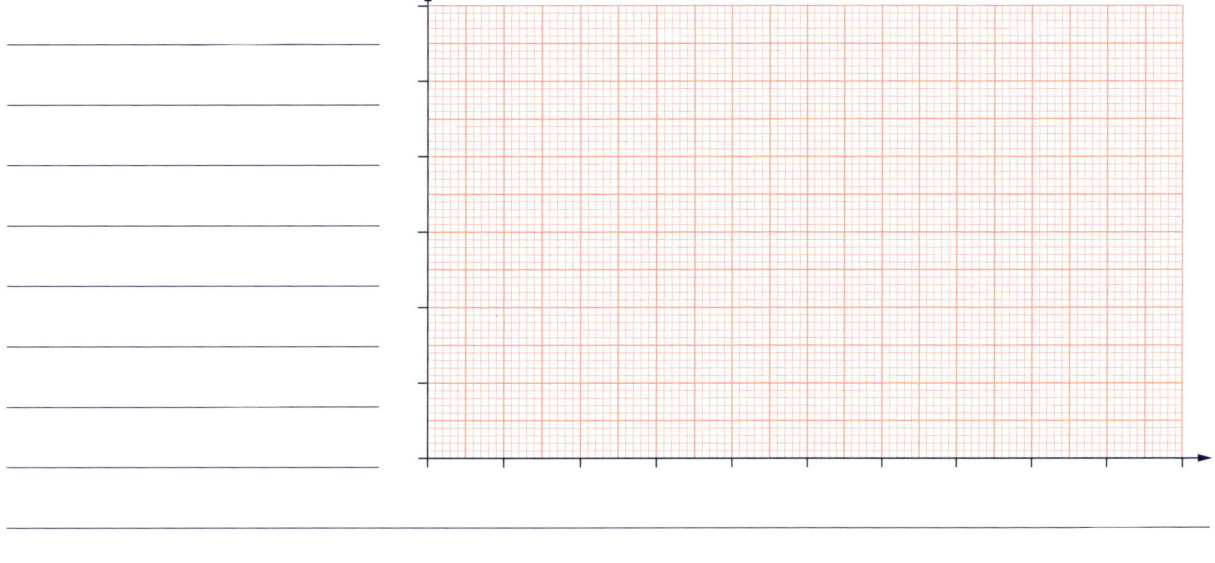

c) Bestimme aus dem Diagramm näherungsweise den Wert der Halbwertsdicke von Blei für γ-Strahlung, also der Dicke, von der nur noch die Hälfte der Strahlung hindurchgelassen wird!

5 Radioaktive Strahlung wird einerseits in Technik und Medizin genutzt. Sie kann aber andererseits auch Schädigungen hervorrufen.
Stelle in einer Übersicht Möglichkeiten der Nutzung radioaktiver Strahlung und mögliche Schäden zusammen!

Möglichkeiten der Nutzung	Mögliche Schäden

6 Nachfolgend sind einige Kernumwandlungen dargestellt. Wie lautet jeweils die Reaktionsgleichung? Benenne in den Skizzen auch die einzelnen Kerne!

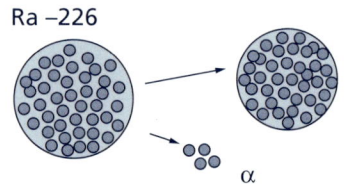

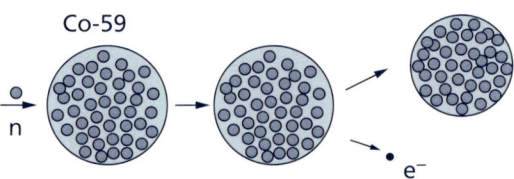

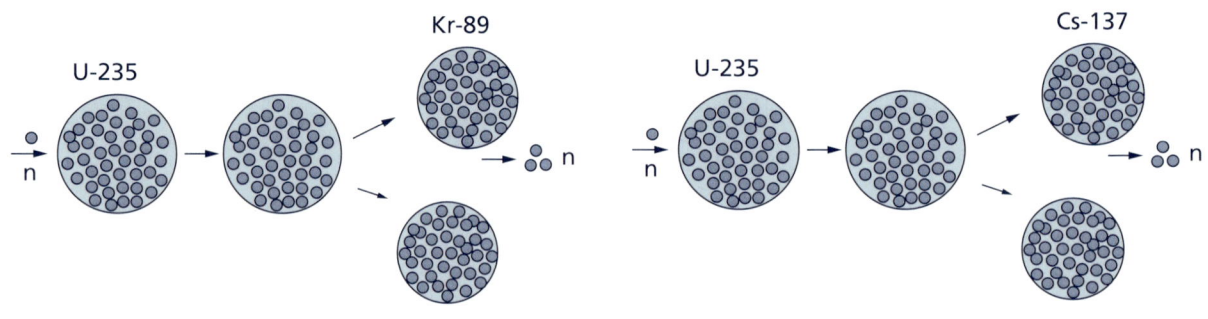

_____

_____

7 Bei der Untersuchung der Schilddrüse werden 3 mg radioaktives Iod-131 mit einer Halbwertszeit von 8 Tagen injiziert. Das Iod reichert sich in der Schilddrüse an und ermöglicht eine Diagnose von Erkrankungen.

a) Gib an, wie viele Milligramm des radioaktiven Stoffs nach verschiedenen Zeiten noch vorhanden sind! Trage die Werte in die Tabelle ein!

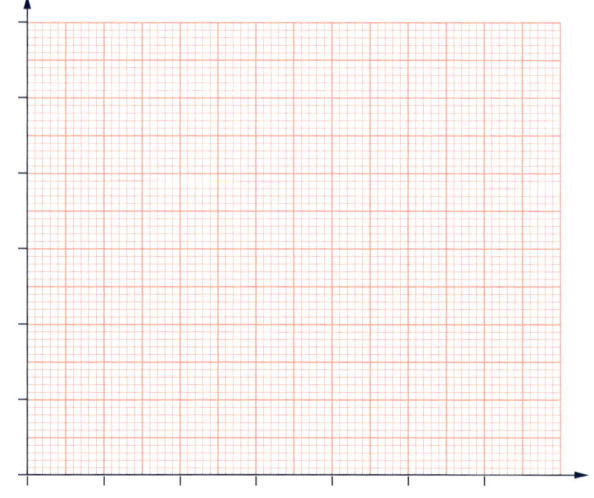

Zeit in Tagen	0	8	16	24	32	40
Masse des Iod-131 in mg						

b) Stelle den Zusammenhang grafisch dar!
c) Interpretiere das Diagramm!

_____

_____

d) Begründe, warum das früher viel eingesetzte I-131 in den letzten Jahren zunehmend durch I-123 (Halbwertszeit 12,3 h) oder Tc-99 (Halbwertszeit 6 h) ersetzt wurde!

_____

_____

8 Das Durchstrahlungsverfahren kann z.B. genutzt werden, um die Qualität von Schweißnähten zu kontrollieren und Werkstücke auf Einschlüsse zu untersuchen. Beschreibe anhand der Skizzen das Durchstrahlungsverfahren! Welche Eigenschaft radioaktiver Strahlung wird dabei genutzt?

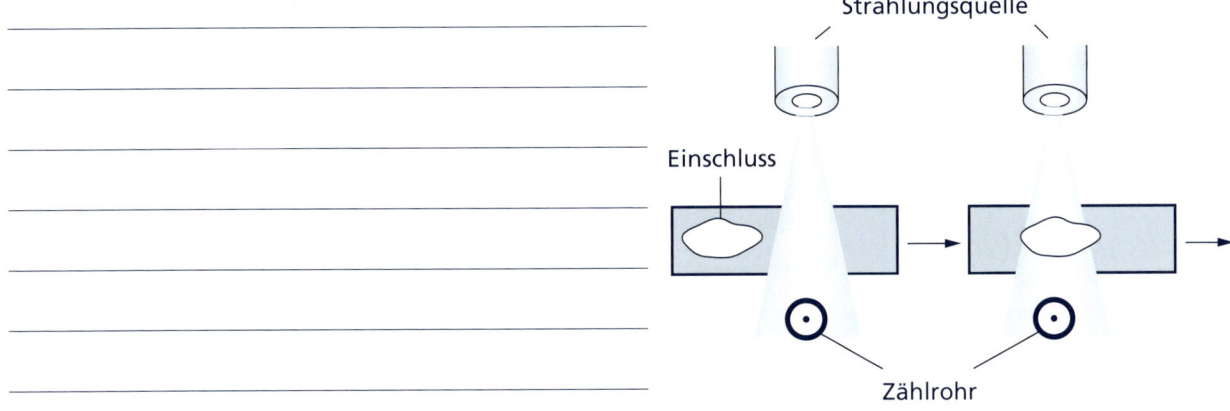

_____

_____

_____

_____

_____

_____

_____

_____

9 Mit einem Zählrohr wurde die Intensität der radioaktiven Strahlung in Abhängigkeit von der Entfernung von der Strahlungsquelle gemessen. Dabei erhielt man folgende Ergebnisse:

Entfernung r von der Quelle in cm	5	10	15	20	25	30	35	40	45	50
Zählrate Z in Impulsen je Minute	489	171	63	50	46	43	41	40	42	40

a) Zeichne das Z-r-Diagramm!
b) Interpretiere dieses Diagramm!

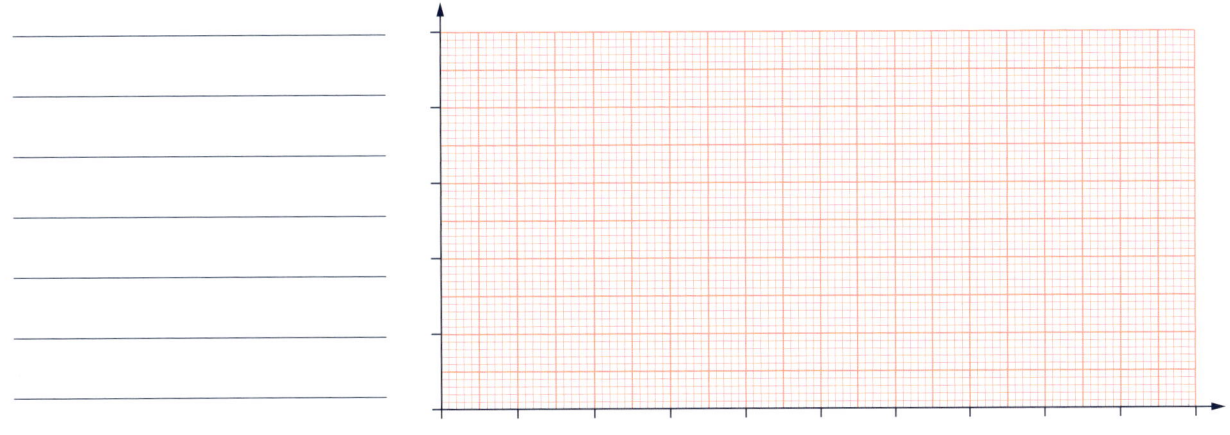

_____

_____

_____

_____

_____

_____

10 Nenne die wichtigsten Regeln des Strahlenschutzes!

_____

_____

_____

_____

_____

© DUDEN PAETEC GmbH, Berlin. Alle Rechte vorbehalten. Internet: www.duden-schulbuch.de   ISBN 978-3-89818-375-8

Kernspaltung und Kernfusion

1 Die Skizze zeigt den Aufbau eines Kernkraftwerkes mit Siedewasserreaktor.
a) Benenne wichtige Teile eines solchen Kernkraftwerkes!

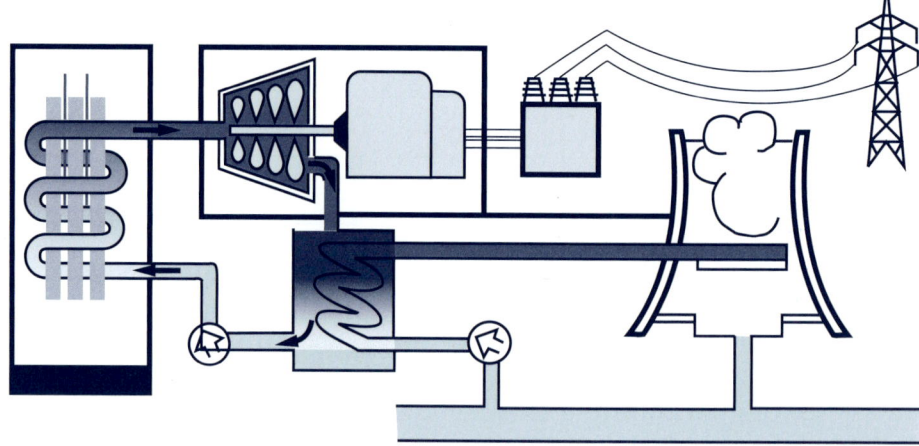

b) Nenne wichtige Bedingungen, die für das Zustandekommen einer Kettenreaktion erforderlich sind!

_____

_____

2 Bei einem Kernkraftwerk mit einer Leistung von 1 300 MW entstehen in einem Jahr etwa 530 m^3 an schwach radioaktiven Abfällen, ca 50 m^3 an Abfällen mit mittlerer Radioaktivität und etwa 5 m^3 an hochaktiven Abfällen.
a) Stelle die Werte in einem Kreisdiagramm dar!
b) Erkunde, was mit dem radioaktiven Müll geschieht!

_____

_____

_____

3 Die Nutzung von Kernenergie hat gegenüber der Nutzung anderer Energieträger Vorteile, aber auch Nachteile. Stelle in der Übersicht zusammen, welche Vorteile und welche Nachteile die Nutzung von Kernenergie hat!

Vorteile	Nachteile